Ein großer Dank all den netten Illustratorinnen und Illustratoren, die ihre Bilder der Hilfsorganisation *Three Peas* gespendet haben.

Kitty Crowther ist halb Engländerin, halb Schwedin und lebt in Belgien. Sie ist Preisträgerin des renommierten Astrid-Lindgren-Gedächtnispreises (ALMA), und ihre Arbeit ist inspiriert von den wunderbaren Büchern, die sie als Kind hatte.

Pippa Curnick war Buchgestalterin, bevor sie Illustratorin wurde. Sie ist begeisterte Leserin, Spaziergängerin und Keksesserin und modelliert außerdem ziemlich geniale Puppen und Modelle.

Ingrid Godon ist eine flämische Illustratorin. Sie mochte als Kind den Kunstunterricht lieber als jedes andere Schulfach. Sie schreibt Bücher und malt besonders gerne poetische, feinfühlige Bilder von Menschen und Orten.

Gerda Dendooven ist eine beliebte belgische Illustratorin, Autorin und gelegentlich auch Schauspielerin. Für ihre humorvollen expressiven Bilder verwendet sie Stifte, Tinte und Collagen.

Susanne Göhlich entwarf schon während des Studiums Poster und zeichnete Comics. In ihren zahlreichen Büchern sind jede Menge Menschen zu sehen, alle möglichen Tiere und unternehmungslustige Gespenster!

Michael Foreman ist einer der bekanntesten englischen Illustratoren. Er hat über 300 Bücher illustriert und ist für seine Recherchen von der Arktis bis zum Südpazifik gereist.

Chris Haughton ist in Dublin aufgewachsen und hat schon überall auf der Welt gelebt, von San Francisco bis Kathmandu. Seine herrlich verschrobenen, bunten Bücher haben ihn international bekannt gemacht.

Lucia Gaggiotti möchte mit ihren Bildern Freude, Glück und Spaß ausdrücken. Sie sagt, für Kinderbücher zu zeichnen erlaube ihr, in die Bücher zu kriechen und in dieser Welt zu leben.

Nicola Kinnear ist Illustratorin, Geschichtenerzählerin und Schöne-Dinge-Macherin (besonders gut kann sie häkeln). Sie liebt es, Magie, Natur und Folklore in ihre Bücher zu bringen.

Dieses Buch ist erhältlich als:
ISBN 978-3-407-75473-8 Hardcover

Verlagsgruppe Beltz
Werderstraße 10, 69469 Weinheim
service@beltz.de

Die Originalausgabe erschien 2019 unter dem Titel *Kind*
bei Alison Green Books, an imprint of Scholastic, London.

Aus dem Englischen übertragen von Maren Illinger
Satz: Tim Oliver Pohl
Printed in China
8 9 10 11 12 28 27 26 25

Weitere Informationen zu unseren Autor:innen
und Titeln finden Sie unter: www.beltz.de

Einfach nett

Text von Alison Green

Mit einem Vorwort von Axel Scheffler

Aus dem Englischen von Maren Illinger

BELTZ & Gelberg

Was kannst du heute tun, um freundlich zu sein?

Vorwort

Ich hatte das große Glück, schon viele Bücher über das Freundlichsein illustrieren zu dürfen. Eine Hexe, die Tiere auf ihrem Besen mitnimmt, ein Riese, der seine neuen Kleider verschenkt, weil andere sie dringender brauchen, eine Prinzessin, die einen Drachen verarztet, oder ein Superwurm, der einen Käfer aus dem Brunnen rettet – in Kinderbüchern geht es oft um Freundlichsein und Hilfsbereitschaft. Es ist einer der wichtigsten Werte, die wir unseren Kindern vermitteln wollen.

Ob es um kleine Gesten geht, die unseren Alltag ein bisschen heller machen, oder um große Fragen, was wir für Menschen tun können, die unsere Hilfe brauchen – wir alle wissen, dass eine freundlichere Welt eine bessere Welt ist.

Aber manchmal glauben wir, viel zu beschäftigt zu sein, um innezuhalten und anderen zu helfen. Oder wir fühlen uns einfach hilflos, als könnten wir nicht das Geringste bewirken. Dann sollten wir uns klarmachen, dass schon kleine Dinge etwas verändern können.

Unsere Welt ist mehr und mehr gespalten, aber ich glaube fest daran, dass wir, wenn wir nur großzügig und mitfühlend sind, für die nächste Generation eine friedlichere Welt schaffen können.

Ich bin nun seit über zwei Jahren Schirmherr des gemeinnützigen Vereins *Three Peas* und habe selbst gesehen, was schon kleine Dinge für die Menschen bedeuten, die alles verloren haben. *Three Peas* hat vielen Flüchtlingen in einer verzweifelten Lage geholfen, und ich bin stolz darauf, ihre wichtige Arbeit zu unterstützen.

Ich hoffe, dass dieses Buch vielen Kindern und Erwachsenen Freude bereiten wird. Es gibt darin viele großartige Bilder, die weltberühmte Illustratoren zu diesem Zweck gespendet haben. Die Bilder sind fröhlich, witzig, bewegend und inspirierend. Es gibt Affen, Elefanten, Löwen, Katzen, Hunde, Würmer – und Menschen! Und sie zeigen viele ganz einfache Möglichkeiten, wie wir alle dazu beitragen können, die Welt zu einem besseren Ort zu machen.

Axel Scheffler, 2019

Stell dir mal eine Welt vor, in der alle nett sind.
Wie können wir das schaffen?

Vielleicht wäre es ein guter Anfang …

jemandem ein Lächeln zu schenken!

Es gibt viele Arten, nett zu sein.

Wir können zuhören, wenn jemand traurig ist.

Wenn jemand sich alleine fühlt,
können wir ihn umarmen.

Wenn jemand Angst hat,
können wir seine Hand halten.

Und wenn jemand in Schwierigkeiten steckt, können wir helfen.

Vielleicht kannst du eine aufmunternde Geschichte erzählen?

Oder zuhören, was andere dir erzählen wollen.

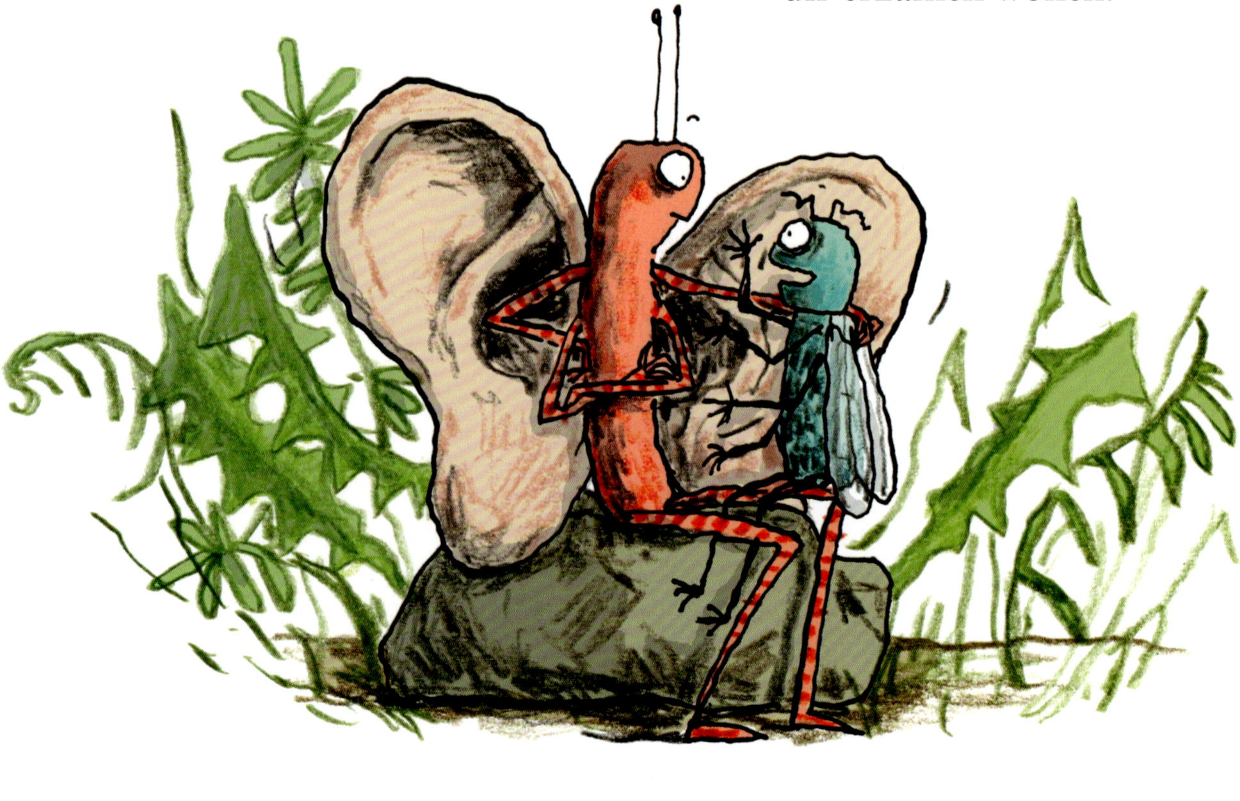

Du kannst dafür sorgen,
dass jeder mitspielen darf,

und helfen, wenn sich
jemand wehgetan hat.

Weißt du, dass du Freundlichkeit
im Glas sammeln kannst?

Jedes Mal, wenn du etwas Freundliches gemacht hast, legst du eine Murmel oder einen Knopf hinein. Dein Freundlichkeits-Glas wird bestimmt ganz schnell voll!

Wie kann man sonst noch nett sein?
Hier sind ein paar Vorschläge:

Kannst du jemandem helfen,
eine schwere Tasche zu tragen?

Oder aufheben, was jemandem
auf den Boden gefallen ist?

Willst du jemanden vorlassen?

Geduldig zu sein ist besonders nett –
vor allem, wenn du es eigentlich ganz eilig hast!

Auch Tiere freuen sich,
wenn man nett zu ihnen ist.

Was kannst du besonders gut?

Jeder kann etwas anderes am besten,
und jeder darf mal seinen großen Auftritt haben.

Manchmal ist eine Extraportion Freundlichkeit gefragt,
zum Beispiel, wenn ein Kind neu
in deine Gegend gezogen ist.
Kannst du mithelfen,
dass es sich bald wie
zu Hause fühlt?

Was spielt das Kind am liebsten?

Mag es eher ruhige Spiele?

Oder ganz laute?

Wenn es deine Sprache lernt, kannst du ihm vielleicht neue Wörter beibringen?

Du könntest auch ein paar Wörter in seiner Sprache lernen. Guck mal, wie unterschiedlich man »Hallo!« sagen kann.

hello
Привет
Czesc
KON'NICHIWA
Ni hao
Sah-wahd-dee!
Üdvözlöm
HELLO
ciao
Olá
HOLA
CIAO
ALOHA
HALLO
Marhaba
Hujambo
Salut
Hej
Bog!
Haloo
NAMASTE
Shalom
Tēnā Koe

Manche Menschen haben sehr schwere Zeiten durchgemacht. Sie mussten ihr Zuhause und ihr Land verlassen, weil ihr Leben dort in Gefahr war.

Sie sind mutig und tapfer und haben außergewöhnliche Geschichten zu erzählen.

Wie können wir sie herzlich aufnehmen?
Vielleicht kannst du deine Spielsachen mit ihnen teilen?

Vielleicht könnt ihr
zusammen malen?

Manche Leute sagen, dass wir nicht genug zum Teilen haben und dass der Platz nicht für alle reicht. Dann könntest du sagen: »Es gibt Platz genug! Kommt nur herein!«

Wenn du niemanden hereinlässt, erfährst du auch nie, was du verpasst. Vielleicht steht direkt vor deiner Tür ein toller neuer Freund!

Jeder Mensch ist wertvoll, und
jeder hat etwas, das er teilen kann.

Darum lohnt es sich, neugierig auf die Welt
und auf alle Menschen zu sein.

Es gibt spannende Gemeinsamkeiten

und Unterschiede.

Jeder kann nett sein,

auch wenn er ganz klein oder
ein bisschen schüchtern ist.

Nett zu sein ist ein schönes Gefühl.
Und außerdem ist es eine richtig gute Idee.
Denn wenn jeder nett ist …

… schaffen wir alle zusammen eine bessere Welt.

Three Peas – Gemeinsam etwas bewegen

Dieses Buch hilft dabei, Geld für den englischen gemeinnützigen Verein *Three Peas* (»Drei Erbsen«) zu sammeln. *Three Peas* unterstützt Menschen, die ihre Heimat verlassen mussten.

Es braucht viel Mut, um seine Heimat aufzugeben, alles zurückzulassen und in ein anderes Land zu ziehen, doch genau das müssen viele Menschen überall auf der Welt tun. Vielleicht herrscht in ihrem Land Krieg und sie fühlen sich dort nicht mehr sicher. Oder sie kommen aus Ländern, in denen sie nicht so leben können, wie sie möchten, nicht sagen dürfen, was sie wollen, oder ihre Religion nicht ausüben dürfen. Sie haben keine andere Wahl, als ihre Heimat zu verlassen und einen Ort zu suchen, an dem sie sicher leben können.
Oft müssen sie lange, mühsame und gefährliche Reisen auf sich nehmen. Wenn sie schließlich in dem neuen Land angekommen sind, müssen sie erst auf die Erlaubnis warten, bleiben zu dürfen – und das kann Jahre dauern. In dieser Zeit ist es für die Familien besonders schwierig, eine Arbeit oder auch nur ein Dach über dem Kopf zu finden.

Genau da helfen Hilfsorganisationen wie *Three Peas*. Sie unterstützen Menschen bei der Suche nach einer Wohnung und besorgen ihnen Kleidung, etwas zu essen und alles, was man sonst noch unbedingt braucht, von Haarshampoo über Zahnbürsten und Bücher bis hin zu Kinderwagen.
Nach so vielen Veränderungen wünschen sich die meisten Familien vor allem ein bisschen Ruhe. Sie möchten gemeinsam kochen und ihre Feste feiern. Sie möchten die Sprache des neuen Landes lernen. Sie möchten arbeiten und Geld für ihre Familien verdienen, und sie wünschen sich, dass ihre Kinder eine gute Ausbildung bekommen.

Viele Menschen haben in ihrem alten Leben einen Beruf gelernt, den sie auch weiterhin ausüben möchten. Sie waren Ärzte, Lehrer, Anwälte oder Künstler. Manche Menschen, denen *Three Peas* begegnet sind, arbeiten ehrenamtlich als Mathelehrer oder Übersetzer. Andere arbeiten als Friseure, Restaurantbesitzer, Schmuckdesigner oder sogar Bildhauer.

Three Peas betreibt ein Zentrum, in dem die Leute Sprachkurse besuchen, sich Rat holen und neue Freunde kennenlernen können. Einmal haben sie sogar drei kleinen Mädchen geholfen, einen Tanzkurs zu finden – so fiel es ihnen viel leichter, sich in dem neuen Land einzuleben.

Wenn die Kinder in die Schule gehen und alle die Sprache des neuen Landes lernen, kann die ganze Familie ein sicheres neues Leben beginnen.

Foto © Ulla Wilde

Three Peas wurde von einer Gruppe von Freundinnen aus sechs verschiedenen Ländern gegründet. Es ist eine kleine Organisation, aber sie hat Erstaunliches erreicht. Wie ihre Gründerinnen gerne sagen: »Was wäre, wenn jeder von uns ein kleines bisschen mit anpacken würde? Gemeinsam würden wir Großes erreichen!« Mehr über *Three Peas* erfährt man hier: www.threepeas.org.uk

THREE PEAS
HELP MAKE A DIFFERENCE

Ein großer Dank all den netten Illustratorinnen und Illustratoren, die ihre Bilder der Hilfsorganisation *Three Peas* gespendet haben.

Lydia Monks hat einige Bücher von Julia Donaldson illustriert. Sie besitzt einen Pudel namens Chadwick, der sie gerne von der Arbeit ablenkt.

Ole Könnecke, geboren in Deutschland und aufgewachsen in Schweden, hat schon viele Preise für seine Illustrationen gewonnen. Beim Zeichnen nimmt er gerne Anleihen bei den Comics, die ihn als Kind begeistert haben.

Jörg Mühle zeichnet unwiderstehliche Bilder von Kaninchen, Pinguinen, Bären und vielen anderen Geschöpfen. Er ist ziemlich groß und hat eine Menge Pünktchen in seinem Namen.

Anke Kuhl hat schon sehr viele Geschichten von sehr netten Kindern bebildert. Sie zeichnet mit einem etwas skurrilen Sinn für Humor (sie hat sogar zwei Skelette auf ihrem Arbeitstisch stehen). Zur Entspannung kocht sie gerne oder spielt Klavier.

Thomas M. Müller illustriert tolle Theaterplakate und wunderschöne Kinderbücher. Er lebt in Leipzig, geht gerne im Wald spazieren und sammelt Oldtimer.

Sarah McIntyre hat schon alle möglichen Illustrationen gemacht, von Feuerwehrdinos bis zu Keksen im Kosmos. Sie liebt es, sich zu verkleiden, und besitzt jede Menge dramatische Hüte.

Barbara Nascimbeni wurde in Italien geboren und ihre Bilder sind immer sehr farbenprächtig. Sie lebt in Deutschland und Frankreich und liebt es, im Garten zu arbeiten und Akkordeon zu spielen.

Dorothée de Monfreid ist zeichnende Spezialistin für Hunde. Sie lebt in Paris und schreibt und zeichnet auch gerne Comics.

Guy Parker-Rees, ein englischer Illustrator, zeichnet und kritzelt schon sein Leben lang, mag gerne Kuchen und hat die besten Ideen, wenn er unter einem Baum sitzt.